SEPARADOS NO SOMOS IGUALES

Sylvia Méndez y la lucha de su familia por la integración

DUNCAN TONATIUH
Traducción del inglés por TERESA MLAWER

ABRAMS BOOKS FOR YOUNG READERS · NUEVA YORK

SYLVIA TENÍA PUESTOS UNOS ZAPATOS NEGROS. Eran nuevos y relucientes. Llevaba el pelo perfectamente dividido en dos largas trenzas. Era su primer día en la escuela Westminster. Los pasillos estaban repletos de estudiantes. Buscaba su casillero cuando un niño la señaló con el dedo y gritó:

—¡Vuelve a la escuela mexicana! ¡Tú no perteneces aquí!

2

Durante el resto del día, Sylvia no habló con nadie, ni siquiera emitió palabra en sus clases. Caminaba por los pasillos cabizbaja. Por la tarde, cuando regresó a casa, le contó a su mamá, Felícitas, lo que había ocurrido.

—No quiero volver a esa escuela. Los niños son malos.

—Sylvia —le dijo su mamá—, ¿es que no recuerdas que por eso luchamos?

Tres años antes, en el verano de 1944, Sylvia, sus hermanos Jerome y Gonzalo Jr. y sus padres se mudaron de la aglomerada ciudad de Santa Ana, California, a una granja a las afueras de Westminster. Su papá, Gonzalo Méndez, había trabajado toda la vida en el campo, recogiendo uvas y naranjas. Ahora iba a arrendar su propia granja. Sería su propio jefe. Se dedicarían a sembrar espárragos, chiles y tomates.

El verano llegaba a su fin, se aproximaba el inicio del curso escolar y tía Soledad llevó a su sobrina Sylvia, a sus hermanos y a sus primas Alice y Virginia a la escuela pública de la calle 17 para inscribirlos. Sylvia iba a comenzar tercer grado, Gonzalo, segundo y Jerome entraría a primer grado.

«Qué edificio tan elegante», pensó Sylvia cuando llegaron al estacionamiento de la escuela. Altos árboles adornaban la entrada del colegio. Había un patio de recreo con un pasamanos y un columpio rojo. Los pasillos del colegio eran amplios y estaban relucientes.

—He venido a inscribir a los niños en la escuela —dijo tía Soledad cuando llegó a la oficina del director.

Sin decir palabra, la secretaria le entregó dos formularios de inscripción: uno para Alice y otro para Virginia. Pero no le dio ninguno para Sylvia y sus hermanos.

—Ellos no pueden matricularse en esta escuela —dijo al fin la secretaria—. Tienen que ir a la escuela mexicana.

«¿Por qué tengo que ir a la escuela mexicana?», se preguntó Sylvia. Ella no era mexicana; había nacido en Estados Unidos y hablaba perfecto inglés. Su papá había nacido en México, pero se había hecho ciudadano de Estados Unidos y su mamá había nacido en Puerto Rico, que era un territorio de Estados Unidos.

Tía Soledad se veía disgustada:

—Pero vivimos en esta ciudad y este es el colegio que les corresponde —insistió.

Sylvia observó a sus primas. Tenían la piel clara y el pelo largo de color castaño. Su apellido era Vidaurri; su papá era mexicano, pero de descendencia francesa. Entonces, miró a sus hermanos y se fijó en sus propias manos y brazos. «¿Será acaso porque tenemos la piel oscura, el cabello negro y grueso y nuestro apellido es Méndez?».

—Las normas son las normas —dijo la secretaria—. Los Méndez tienen que ir a la escuela mexicana.

—Pues si es así, no matricularé a ninguno —contestó tía Soledad y salió disparada de la oficina, llevándose a todos los niños con ella.

Cuando llegaron a casa, tía Soledad le contó al papá de Sylvia lo que había ocurrido. El señor Méndez le dijo que no se preocupara, que debía ser un malentendido. Él se encargaría de solucionarlo. Era un hombre de negocios y estaba acostumbrado a lidiar con la gente y resolver problemas.

Al día siguiente, el señor Méndez se reunió con el señor Harris, superintendente de las escuelas de Westminster. El señor Méndez le explicó que él y su familia se acababan de mudar a una granja de la localidad.

—La escuela pública de la calle 17 es la más próxima a nuestra casa, y a mis hijos les corresponde ir a esa escuela.

—Sus hijos tienen que ir a la escuela mexicana —le contestó el señor Harris.

—Pero ¿cuál es la razón? —preguntó el señor Méndez.

—Así es como tiene que ser —fue su respuesta.

Durante los siguientes días, el señor Méndez se reunió con el señor Atkinson, superintendente de las escuelas del condado, el supervisor del señor Harris, y con la Junta de Educación encargada de todas las escuelas públicas del condado de Orange. Pero todos le dijeron exactamente lo mismo:

—Sus hijos tienen que ir a la escuela mexicana.

—Pero ¿por qué? —insistía el señor Méndez.

Sin embargo, nadie le ofrecía una respuesta satisfactoria.

Ese otoño, Sylvia y sus hermanos tuvieron que asistir a la escuela Hoover Elementary, más conocida como la escuela para mexicanos, en la calle Olive, en la ciudad de Westminster.

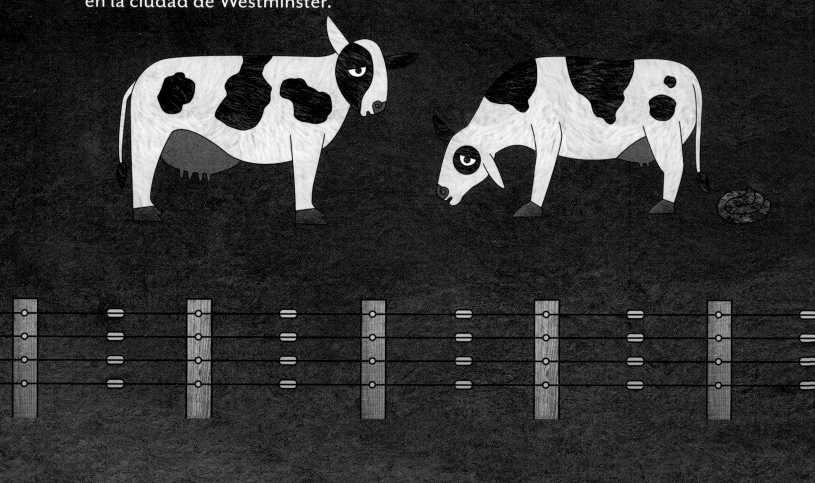

La escuela era un pequeño cobertizo hecho de madera, y sus pasillos eran estrechos y se veían sucios. Una valla la separaba de una pastura para ganado. Los niños tenían que comer fuera mientras las moscas se posaban en sus almuerzos. La valla que mantenía las vacas dentro de la pastura era eléctrica. Si por casualidad la tocabas, ¡recibías una descarga! La escuela no tenía un patio de recreo, ni siquiera un columpio.

La familia Méndez no se dio por vencida. Una y otra vez Sylvia escuchaba a su papá hablar con compañeros de trabajo, amigos y otros padres de familia.

—No es justo que nuestros hijos tengan que ir a una escuela inferior —decía—. No solo el edificio es inadecuado: a los maestros de esa escuela no les importa la educación de nuestros hijos. Piensan que solo terminarán octavo grado y no cursarán la secundaria. ¿Cómo van a lograr el éxito en la vida y poder llegar a ser médicos, abogados o maestros?

El señor Méndez organizó a un grupo de personas y fundó la Asociación de Padres de Niños Mexicanoamericanos. Se movilizó para recaudar firmas y realizar una petición formal para la integración en las escuelas y para que todos los niños, independientemente del color de su piel u origen, pudieran tener las mismas oportunidades. Pero cada vez que le pedía a alguien que firmara la petición, la respuesta era siempre la misma: «No queremos problemas». Muchos de los padres trabajaban en fincas cuyos propietarios eran blancos y temían perder su trabajo si lo hacían.

Un día, un chofer de camiones escuchó al señor Méndez mientras trataba de convencer a un trabajador para que firmara la petición.

—Usted puede presentar una demanda judicial —le dijo el camionero.

El camionero le dio al señor Méndez el nombre de un abogado, David Marcus, que había presentado una demanda a favor de la comunidad de San Bernardino y había logrado la integración en las albercas públicas. En aquel tiempo, no solo las escuelas estaban segregadas, sino también otras áreas públicas y centros sociales, como albercas, parques y salas de cine. Algunos establecimientos exhibían carteles donde se indicaba: «NO SE ADMITEN PERROS O MEXICANOS».

Entonces, el señor Méndez decidió contratar los servicios del señor Marcus, aunque esto significara tener que gastar todos sus ahorros para hacerlo.

NO SE ADMITEN PERROS O MEXICANOS

ALBERCA PÚBLICA

Durante los meses que siguieron, el señor Méndez y el señor Marcus viajaron por todo el condado de Orange en busca de otras personas que hubieran tenido experiencias similares.

Sylvia veía a su papá salir de casa muy temprano por la mañana. A veces, lo veía regresar al final del día, pero en general solo escuchaba sus pasos cuando llegaba ya muy entrada la noche.

Mientras él estaba de viaje, la mamá de Sylvia tenía que ocuparse de la granja. Primero, preparaba a Sylvia y a sus hermanos para ir a la escuela y después se iba a trabajar al campo. Se ocupaba del sistema de riego, manejaba el tractor, dirigía a los trabajadores y resolvía cualquier problema que se presentara.

Con la ayuda del señor Marcus, el señor Méndez se reunió con otras familias también afectadas por la segregación. Una de ellas era la familia Estrada. El señor Estrada había peleado en la Segunda Guerra Mundial. Había arriesgado su vida al lado de muchos otros soldados de Estados Unidos de diferentes razas y orígenes, pero cuando regresó de la guerra, se enteró de que sus hijos no podían asistir a la escuela con los niños blancos. «Es una injusticia», dijo el señor Méndez.

La familia Estrada y otras tres familias se unieron a la causa del señor Méndez.

Vivían en diferentes ciudades del condado de Orange: Westminster (donde residía Sylvia), Garden Grove, El Modena y Santa Ana. El señor Marcus quería demostrar que la segregación escolar no solo afectaba a Sylvia y a sus hermanos, sino a más de cinco mil estudiantes en el sistema de educación pública de todo el condado de Orange.

El 2 de marzo de 1945, el señor Marcus presentó una demanda ante el tribunal de justicia.

El juicio se llevó a cabo en la ciudad de Los Ángeles. Sylvia y toda su familia, vestidos con sus mejores ropas, se sentaron atentos en la sala de justicia para no perder detalle. El juicio duró cinco días. Cada día, el señor Marcus llamaba al estrado a padres de diferentes distritos escolares del condado de Orange y a los superintendentes de cada distrito escolar.

El primer día, interrogaron al señor Kent, superintendente del distrito escolar de Garden Grove. Explicó que mandaba a los niños a la escuela mexicana para que pudieran mejorar su inglés.

«¡Eso no es verdad!», pensó Sylvia. Su inglés era tan bueno como el de cualquiera de los estudiantes de la escuela Westminster.

—¿Les hacen alguna prueba previa? —preguntó el señor Marcus.

—Sí, les hacemos preguntas orales —respondió el señor Kent.

«¡Eso tampoco es verdad!», quería gritar Sylvia. Jamás le habían hecho una pregunta. La habían rechazado de la escuela Westminster sin más.

—¿Hay alguna otra razón para mandar a los niños a la escuela mexicana? —preguntó el señor Marcus.

Sylvia y su familia se prepararon para escuchar la respuesta del señor Kent.

—Para mejorar su comportamiento social. Necesitan depurar la mente, aprender buenos modales y a vestirse correctamente, cosas que no les enseñan en sus casas. Tienen piojos y padecen de impétigo y tuberculosis. Además, suelen venir al colegio con las manos, la cara, el cuello y las orejas sucias.

Ni la familia Méndez ni el resto de los asistentes podían dar crédito a las palabras del señor Kent. Nada más lejos de la realidad. ¡Era todo tan degradante…!

—¿Cuántos de los doscientos noventa y dos estudiantes de la escuela mexicana considera usted que son inferiores a los estudiantes blancos en higiene personal? —preguntó el señor Marcus.

—Por lo menos un setenta y cinco por ciento.

—¿Y respecto a sus aptitudes?

—Setenta y cinco por ciento.

—¿En qué otros aspectos son inferiores?

—En el aspecto económico, en su manera de vestir y en su capacidad para participar en las actividades de la escuela.

—¿Considera usted que los estudiantes blancos son superiores a los estudiantes mexicanos en todos los aspectos que ha mencionado?

—Sí.

—¿Y es esa una de las razones por las que no pueden ir a la misma escuela?

—Sí.

Una y otra vez el señor Méndez había preguntado por qué sus hijos no podían asistir a la escuela Westminster. Por lo menos ahora ya conocía la respuesta.

El segundo día, el señor Marcus llamó al estrado a una estudiante de catorce años de la escuela mexicana de El Modena. Se llamaba Carol Torres. Hablaba perfecto inglés. Era obvio que esa no era la razón por la que iba a la escuela mexicana, como había argumentado la defensa.

El señor y la señora Méndez fueron interrogados el tercer y cuarto día, al igual que el señor Harris, el superintendente de las escuelas de Westminster. A Sylvia no la llamaron a declarar, pero estaba lista por si fuera necesario. Cada mañana se arreglaba con esmero y practicaba las respuestas que daría si le pedían subir al estrado.

En el quinto y último día del juicio, el señor Marcus citó a dos especialistas en educación para que explicaran por qué era perjudicial segregar a los niños en diferentes escuelas.

—La segregación hace que los niños se sientan inferiores. Para lograr una mejor comprensión y entendimiento entre las personas es necesaria la convivencia, y la escuela pública es el lugar idóneo porque a ella asisten niños de todas las razas y nacionalidades —afirmó uno de ellos.

El juez asintió con la cabeza. Parecía estar de acuerdo con la declaración.

Transcurrió casi un año antes de que el juez Paul McCormick tomara una decisión..., pero cuando lo hizo, ¡falló a favor de la familia Méndez! Al anunciar la sentencia, señaló que «la educación pública debe estar abierta a todos los niños sin tener en cuenta su origen».

Esto quería decir que todo el mundo tenía derecho a asistir a la escuela, independientemente de su raza o condición.

La victoria de los Méndez encabezó los titulares de los periódicos. La familia de Sylvia estaba eufórica.

Sin embargo, la alegría no duró mucho tiempo, ya que la Junta de Educación apeló la sentencia, es decir, pidieron otro juicio. Un grupo de jueces del Tribunal de Apelaciones en San Francisco revisó el caso.

Durante este proceso, la familia Méndez recibió el apoyo de la Liga de Ciudadanos Latinoamericanos Unidos, la Asociación Nacional para el Progreso de las Personas de Color, la Liga de Ciudadanos Japoneses Estadounidenses, el Congreso Judío Estadounidense y otras organizaciones, que enviaron cartas con información pertinente al caso y pidieron al juez que fallara a favor de la familia Méndez.

Sylvia estaba sorprendida de que gente de diferentes orígenes y distintas partes del país, que ni siquiera conocían a su familia, se involucraran en el caso y trataran

de ayudarlos. Pero como decía su mamá: «Cuando luchas por una causa justa, otras personas se unen».

El 15 de abril de 1947, los jueces de la Corte de Apelaciones de San Francisco fallaron a favor de la familia Méndez una vez más.

Ese junio, el gobernador Earl Warren firmó la ley que establecía que todos los niños en California tenían derecho a ir juntos a cualquier escuela pública, independientemente de su raza, origen étnico o idioma.

—No te olvides, Sylvia, que luchamos para que pudieras asistir a una buena escuela y tener igualdad de oportunidades —le dijo su mamá.

Sylvia pensó largo y tendido lo que dijo su mamá.

Al día siguiente regresó a la escuela Westminster. Esta vez no prestó atención a los cuchicheos. Ignoró a los niños que la señalaban y se dirigían a ella de forma ofensiva. Por el contrario, Sylvia avanzaba por los pasillos con la frente en alto. Sus padres habían luchado no solo por ella y por sus hermanos, sino por todos los niños de la escuela.

Al mirar a su alrededor, se dio cuenta de que otros niños le sonreían. Antes de terminar el día, ya había hecho una amiga. Y antes de finalizar el curso escolar, ya tenía muchos amigos de diferentes orígenes. Sylvia sabía que su familia había luchado por eso.

NOTA DEL AUTOR

En la década de 1940, la segregación por motivos de raza o nacionalidad era algo común en Estados Unidos. El caso *Méndez vs. el Distrito Escolar de Westminster* en California abrió el camino para la integración en las escuelas públicas de todo el país. Después de la demanda judicial iniciada por la familia Méndez, se ganaron causas similares en Texas y Arizona. En 1954, siete años después de la victoria de la familia Méndez, el histórico caso *Brown vs. la Junta de Educación* declaró ilegal la segregación en las escuelas públicas de todo el país.

Dos personas que jugaron un papel importante en el caso *Brown* también habían estado involucradas en el caso *Méndez*: Thurgood Marshall y Earl Warren. Como miembro de la Asociación Nacional para el Progreso de las Personas de Color, Marshall había enviado varios «escritos de amigos de la corte» al juez encargado del caso *Méndez*. En estas cartas expresaba las razones por las cuales estaba en contra de la segregación. Luego, cuando fue nombrado abogado a cargo del caso *Brown*, utilizó muchos de los mismos argumentos. Earl Warren fue el gobernador que firmó la ley de integración en las escuelas públicas de California después de la victoria de los Méndez. Más adelante fue nombrado presidente del Tribunal Supremo de Estados Unidos. Presidió el caso *Brown* y falló a favor de Brown.

Sylvia (1936–) y sus hermanos fueron a la escuela Westminster hasta que su familia decidió regresar a Santa Ana. Sylvia terminó el bachillerato en una escuela integrada y estudió Enfermería en la Universidad Estatal de California. Trabajó durante treinta y tres años en un centro médico en Los Ángeles, de donde se jubiló para cuidar a su madre enferma. Sylvia recuerda que su mamá, antes de fallecer, se lamentaba de que tan poca gente conociera el caso *Méndez* y la lucha de su familia por obtener la igualdad de derechos. De hecho, el caso *Méndez*, con pocas excepciones, no se estudia en las escuelas del país. A diferencia del caso *Brown vs. la Junta de Educación*, muy divulgado, el caso *Méndez vs. Westminster* es conocido por un grupo reducido de personas. Después de la muerte de su madre, Sylvia se propuso dar a conocer la lucha de su familia por lograr la integración.

En las últimas décadas, el caso *Méndez* ha recibido al fin un poco del reconocimiento que merece. Se han hecho documentales y se han publicado artículos y libros al respecto. En 2002 el distrito escolar de Santa Ana dio nombre a una nueva escuela en honor a Felícitas y Gonzalo Méndez. En 2007 el Servicio Postal de Estados Unidos emitió un sello de correo para conmemorar el sexagésimo aniversario de la victoria del caso Méndez. En 2009 una escuela secundaria de Los Ángeles recibió el nombre de Felícitas and Gonzalo Méndez Learning Center. Y en 2011 Sylvia Méndez recibió la Medalla Presidencial de la Libertad (*Presidential Medal of Freedom*) de manos del presidente Barack Obama. Es la condecoración civil más importante que otorga el Gobierno de Estados Unidos a un ciudadano.

Gracias al valor, coraje y esfuerzo de personas como la familia Méndez, la segregación en las escuelas públicas de Estados Unidos hoy es ilegal. Desafortunadamente, a pesar de lo que se ha logrado, todavía existe desigualdad y cierta forma de segregación no oficial.

Según un estudio realizado en 2012 por el Proyecto de Derechos Civiles de la Universidad de California en Los Ángeles, la segregación ha tenido un resurgimiento en los últimos años.

El estudio demuestra que un 43% de estudiantes hispanos y un 38% de estudiantes negros van a escuelas donde menos de un 10% de los estudiantes son blancos. El estudio, que analiza datos del Departamento de Educación, también señala que los estudiantes hispanos y negros tienen el doble de posibilidades de asistir a escuelas donde la mayoría de los estudiantes proceden de hogares de muy bajos ingresos. Esto significa que estas escuelas seguramente cuenten con menos recursos y con maestros con menos experiencia, algo que he podido comprobar durante mis visitas a diferentes escuelas del país para hablar a los niños sobre mis libros.

La familia Méndez llevó el caso a la corte hace setenta años, pero su lucha sigue vigente hoy en día. Como los sociólogos y especialistas en educación declararon durante el juicio, la segregación crea un sentimiento de superioridad en un grupo y de inferioridad en el otro. Es importante relacionarnos e integrarnos para que los prejuicios desaparezcan, para conocernos mejor, para aprender los unos de los otros y para que todo el mundo tenga la misma oportunidad de lograr el éxito.

Es mi esperanza que este libro logre que niños y jóvenes lleguen a conocer este trascendental, aunque desconocido, evento de la historia de Estados Unidos. También confío en que se vean reflejados en la historia de Sylvia, de que se den cuenta de que sus voces son valiosas y de que ellos también pueden aportar algo positivo al país.

Arriba a la izquierda: Sylvia de niña en 1947. *Arriba a la derecha:* Sylvia en 2011, con la Medalla Presidencial de la Libertad. *Abajo a la izquierda:* Los padres de Sylvia, 1947. *Abajo a la dereche, foto de arriba:* La escuela Westminster. *Abajo a la dereche, foto de abajo:* La escuela mexicana Hoover Elementary.

GLOSARIO

abogado, -a: persona que ha cursado la carrera de Derecho e interviene en juicios o procesos legales.

apelar: pedir a un tribunal superior la revisión de una sentencia.

Asociación Nacional para el Progreso de las Personas de Color (*National Association for the Advancement of Colored People*): organización que trabaja para lograr la igualdad de derechos y eliminar la discriminación racial.

caso: disputa que se lleva a un tribunal para su resolución.

ciudadano: persona que tiene derechos, pero también responsabilidades, en el país del que posee la nacionalidad.

Congreso Judío Estadounidense (*American Jewish Congress*): organización que defiende los derechos de los judíos en todo el mundo.

decisión: dictamen del juez después de escuchar todos los argumentos.

degradante: que rebaja la dignidad de una persona, que es humillante.

distrito escolar: escuelas públicas de una vecindad, comunidad, pueblo o ciudad que están bajo la misma administración y jurisdicción.

escuela pública: escuela administrada por fondos públicos que ofrece educación gratuita a los niños de una comunidad o distrito.

estrado: lugar en los tribunales donde se sienta el testigo que va a declarar.

etnicidad: grupo de personas que tienen orígenes culturales comunes.

fallo: decisión de la autoridad; sentencia.

higiene: conjunto de prácticas que mantienen el cuerpo sano.

igualdad de oportunidades: principio por el que se reconocen los mismos derechos a todas las personas sin tener en cuenta su género, raza o edad.

impétigo: enfermedad infecciosa de la piel.

inferior: de menor calidad.

injusticia: acción indebida y contraria a la justicia.

integrar: dar entrada a miembros de diferentes orígenes, etnias y otros grupos.

juez: oficial público, nombrado o elegido, que preside una disputa en un tribunal de justicia.

juicio: tramitación de una causa criminal o de un pleito civil ante un juez o tribunal.

Junta de Educación: grupo de funcionarios públicos que supervisa las escuelas públicas en una determinada zona.

Liga de Ciudadanos Japoneses Estadounidenses (*Japanese American Citizens League*): organización que protege los derechos civiles y humanos y trabaja para efectuar cambios sociales especialmente en la comunidad pacífico-asiática.

Liga de Ciudadanos Latinoamericanos Unidos (LULAC, por sus siglas en inglés): la mayor organización hispana en Estados Unidos que promueve los derechos civiles de los hispanoamericanos.

oportunidad: momento o circunstancia oportuna para lograr algo.

petición: documento escrito que reclama un derecho o beneficio de una persona o grupo con autoridad.

sala de justicia: sala donde se presenta un caso judicial.

segregación: trato discriminatorio por motivos de raza, etnia, clase social u otros factores.

«separados, pero iguales»: práctica basada en un fallo del Tribunal Supremo de Estados Unidos en el caso *Plessy vs. Ferguson* (1896) que estipulaba que se podía negar el acceso a lugares públicos como escuelas, viviendas, restaurantes, baños, piscinas, cines, etc., a ciertos grupos mientras tuvieran opción a facilidades comparables.

superintendente: persona responsable de un distrito escolar. La responsabilidad del superintendente puede variar según el estado.

superior: de mejor calidad.

tribunal: conjunto de funcionarios judiciales que se reúnen para dictar sentencia de acuerdo a la ley.

tuberculosis: enfermedad infecciosa y contagiosa especialmente de los pulmones.

BIBLIOGRAFÍA

Entrevistas

Entrevistas del autor con Sylvia Méndez en Austin, Texas, octubre de 2012, y en Fullerton, California, abril de 2013.

Transcripciones

Documentos y registros de *Mendez vs. Westminster* (1946) se pueden encontrar en el *National Archives* en Riverside (Perris, California). Documentos y registros de *Mendez vs. Westminster* (1947) se pueden encontrar en el *National Archives* en San Francisco (Bruno, California). Para información acerca de *National Archives* visitar: http://www.archives.gov.research.

Documentales

Bennett, Erica, y Fred Paskiewicz. *Mendez vs. Westminster: Families for Equality.* Fullerton, California: Fullerton College, 2010.

Robbie, Sandra. *Mendez vs. Westminster: For All the Children/Para todos los niños.* Huntington Beach, California: KOCE-TV, 2002.

Libros

Conkling, Winifred. *Sylvia and Aki.* Berkeley, California: Tricycle Press, 2011.

Matsuda, Michael, y Sandra Robbie. *Los Méndez contra la ciudad de Westminster: Por todos los niños; La historia de una victoria de derechos civiles en los Estados Unidos.* Yorba Linda, California: Blue State Press, 2006.

Strum, Philippa. *Mendez vs. Westminster: School Desegregation and Mexican-American Rights.* Lawrence, Kansas: University Press of Kansas, 2010.

Artículos y reportajes

Arriola, Christpher. «Knocking on the Schoolhouse Door: *Mendez v. Westminster*, Equal Protection, Public Education, and Mexican Americans in the 1940's». *La Raza Law Journal* 8, no. 2 (1995).

Proyecto de Derechos Civiles en la Universidad de California, Los Ángeles. «*E Pluribus . . .* Separation: Deepening Double Segregation for More Students». http://civilrightsproject.ucla .edu/research/k-12-education/integration-and-diversity/mlk -national/e-pluribus...separation-deepening-double-segregation -for-more-students. Revisado el 21 de agosto de 2013.

Luhby, Tami. «Worsening Wealth Inequality by Race.» CNN Money, 21 de junio de 2012. http://money.cnn.com/2012/06/21/news/ economy/wealth-gap-race/index.htm. Revisado el 19 de julio de 2013.

Orfield, Gary, John Kuscera y Genevieve Siegel-Hawley. «*E Pluribus . . .* Separation: Deepening Double Segregation for More Students». Reporte de Proyecto de Derechos Civiles en la Universidad de California, Los Ángeles, 2012.

Rich, Motoko. «Segregation Prominent in Schools, Study Finds.» *New York Times*, 19 de septiembre de 2012. http://nytimes.com /2012/09/20/education/segregation-prominent-in-schools -study-finds.html. Revisado el 21 de agosto de 2013.

Ruiz, Vicki L. «We Always Tell Our Children They Are Americans: *Mendez v. Westminster* and the California Road to *Brown v. Board of Education*». *College Board Review* no. 200 (otoño de 2003): 20–27.

Sitios de internet

«*Before Brown v. Board of Education*», en el sitio web de la National Public Radio: http://www.npr.org/templates/ story/story.php?storyId=1784243.

El caso *Mendez v. Westminster*: www.mendezwestminstercase .blogspot.com.

La página web de Sylvia y Sandra Méndez Duran en el sitio web StoryCorps: http://storycorps.org/listen/sylvia-mendez-and -sandra-mendez-duran/.

Sitio personal de Sylvia Méndez: http:// sylviamendezinthemendezvswestminster.com.

ACERCA DEL TEXTO

El diálogo de las escenas del juicio se tomó directamente de las transcripciones de la corte. Lo acorté y edité para mayor claridad y ritmo. Para el resto de los diálogos me inspiré en las conversaciones que sostuve con Sylvia Méndez, en octubre de 2012 y en abril de 2013.

ÍNDICE

Nota: los números de página en cursivas se refieren a las imágenes.

A LA MEMORIA DE GONZALO Y FELÍCITAS MÉNDEZ Y A PATTY,
POR TODO SU AMOR Y APOYO
–D.T.

Las ilustraciones de este libro fueron dibujadas a mano y coloreadas con collage digital.

Se ha solicitado su catalogación por la Biblioteca del Congreso de Estados Unidos (en proceso).

ISBN 978-1-4197-6804-0

Texto e ilustraciones © 2014 Duncan Tonatiuh
Traducción del inglés © 2023 Abrams Books for Young Readers
Traducción del inglés por Teresa Mlawer
Diseño del libro por Maria T. Middleton
Editado por Howard W. Reeves

En 2015 este título obtuvo las medallas de Sibert Honor y de Pura Belpré Honor por la edición en inglés publicada en 2014 por Abrams Books for Young Readers, una división de ABRAMS.

Publicado en 2023 por Abrams Books for Young Readers, una división de ABRAMS. Publicado originalmente en inglés en 2014 por Abrams Books for Young Readers. Todos los derechos reservados. Ninguna parte de este libro puede ser reproducida, almacenada o transmitida en cualquier forma o por cualquier medio, mecánico, electrónico, fotocopia, grabación y otros, sin permiso escrito del editor.

Impreso y encuadernado en China
10 9 8 7 6 5 4 3 2 1

Abrams® es una marca registrada de Harry N. Abrams, Inc.

ABRAMS The Art of Books
195 Broadway, New York, NY 10007
abramsbooks.com